30 RECETTES DE Cakes salés sucrés

Laurent MOREL

Dormonval
CH – LUCERNE

Préparez votre moule

Peu importe le choix du moule, il vous faudra le préparer pour faciliter le démoulage. Évitez les moules oxydés ou en mauvais état car vous risqueriez de voir une partie de votre préparation rester collée au fond du moule. Privilégiez les moules antiadhésifs.
La préparation du moule, une étape importante, doit se faire en premier car cela permettra de mettre en cuisson le cake aussitôt l'appareil de base terminé. Le plus simple est de beurrer le moule à l'aide de beurre cru ou fondu. Il est possible, en plus, de le fariner en versant un peu de farine à l'intérieur et en la faisant adhérer aux parois du moule. Pour vous débarrasser de l'excédent, tapotez le moule à l'envers. Enfin, vous pouvez aussi chemiser le moule avec du papier sulfurisé.

Chemiser un moule

Beurrer le moule au pinceau en n'oubliant aucun endroit.

Le fariner en le tournant dans tous les sens. Tapoter pour enlever l'excédent.

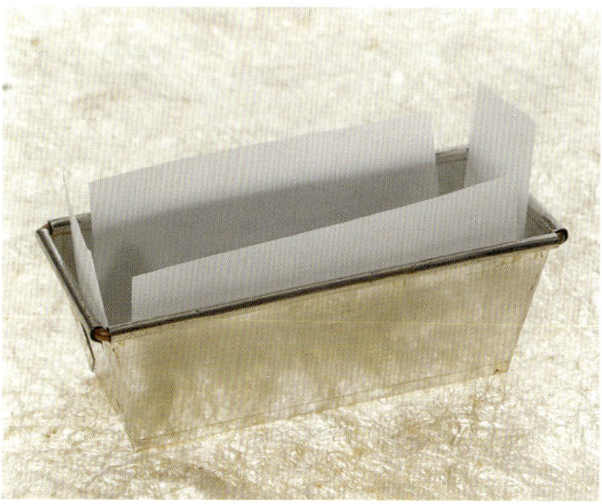

Chemiser avec du papier

Plier le papier en une bande correspondant à la taille du fond du moule.
La déplier et couper les carrés des coins.
La placer dans le moule.

La cuisson

Afin que la levure joue son rôle et que la cuisson soit réussie, il est nécessaire que le four soit bien chaud dès le début de cette dernière. Il faudra donc ne pas oublier de préchauffer le four avant chaque cuisson. La température conseillée pour démarrer la cuisson est de 180 °C (th. 6). Ensuite, lorsque le cake a gonflé et s'est coloré, il convient de terminer la cuisson à une température plus douce, à 160 °C (th. 5-6).

Pour éviter une coloration trop importante des grands cakes, couvrez-les avec un papier d'aluminium à mi-cuisson.
Dans le cas où la chaleur ne se disperse pas uniformément dans l'enceinte de votre four, pensez à tourner le ou les moules durant la cuisson afin que le développement et la coloration soient réguliers.
Les temps de cuisson indiqués dans chaque recette le sont pour des moules à cake traditionnels. Au cas où vous utiliseriez des moules différents ou plus petits, il faudrait modifier le temps de cuisson. La meilleure façon de maîtriser le temps de cuisson est de piquer le cake coloré à l'aide d'une fine lame de couteau. Si celle-ci ressort sans trace d'appareil, le cake est cuit. Nous vous conseillons de le démouler aussitôt la cuisson terminée et de le laisser refroidir sur une grille.

Piquer le cake avec une lame fine de couteau ou avec une aiguille à brider.

Le cake n'est pas cuit.

Le cake est cuit.

Le laisser refroidir sur une grille.

Cake aux Brocolis

300 g de brocolis / 100 g de parmesan haché / 180 g de farine / 1 sachet de levure chimique / 3 œufs / 10 cl d'huile d'olive / 10 cl de lait / 1/2 botte de basilic / Une noix de beurre / Sel, poivre.
Accompagnement : 200 g de salade mesclun / Vinaigrette.

Parer les brocolis. Les cuire 4 minutes dans de l'eau bouillante salée. Rafraîchir aussitôt après cuisson. Les égoutter soigneusement sur un papier absorbant. Conserver les têtes et détailler les queues en dés. Passer les dés dans du parmesan et réserver.
Dans une jatte, mélanger la farine et la levure. Former une fontaine au centre. Ajouter les œufs, l'huile, le lait et assaisonner avec du sel et du poivre. Mélanger en commençant par le centre et incorporer petit à petit la farine. Lorsque le mélange est homogène, ajouter les dés de brocolis, le restant de parmesan et le basilic finement coupé.
Verser la préparation dans un moule beurré. Cuire 40 minutes dans un four chaud à 180 °C (th. 6). Démouler aussitôt la cuisson terminée et laisser refroidir.
Découper le cake en tranches et servir avec les têtes de brocolis et du mesclun assaisonné à la vinaigrette.

6 personnes

Cake aux Girolles

100 g de girolles / 100 g de trompettes-de-la-mort / 100 g de cèpes / Deux noix de beurre / 2 échalotes / 1 gousse d'ail / 3 œufs / 13 cl d'huile d'olive / 1 cuil. à soupe de crème fraîche / 10 cl de lait / 180 g de farine / 1 sachet de levure chimique / 50 g de gruyère râpé / 1/2 botte de persil / 2 cuil. de graines de sésame / Sel, poivre.

Éplucher et laver les champignons. Les égoutter soigneusement dans un torchon.

Dans une poêle, faire revenir avec une noix de beurre les champignons émincés jusqu'à ce qu'ils aient rendu toute leur eau. En fin de cuisson, ajouter les échalotes et l'ail finement coupés. Débarrasser et laisser refroidir.

Dans une jatte, battre les œufs, l'huile, la crème, le lait, du sel et du poivre.

Dans un autre récipient, mélanger la farine et la levure et former une fontaine. Verser au centre le premier mélange en incorporant petit à petit la farine. Lorsque le mélange est homogène, ajouter les champignons, le gruyère, le persil finement haché et les trois quarts des graines de sésame. Verser l'ensemble dans un moule beurré. Saupoudrer du restant de graines de sésame et cuire 40 minutes dans un four à 180°C (th. 6).

Dès la cuisson terminée, démouler et laisser refroidir.

4 personnes

Cake Arlequin

3 petits poivrons de couleur différente / 180 g de farine de maïs / 1 sachet de levure chimique / 3 œufs / 10 cl d'huile d'olive / 10 cl de lait / 100 g de gruyère râpé / 1/2 botte de basilic / Une noix de beurre / Sel, poivre.

Passer les poivrons sous le gril du four. Quand ils sont noirs, les retirer, les enfermer dans du film alimentaire. Dès qu'ils sont froids, les éplucher sous un filet d'eau. Ôter le pédoncule et les graines. Détailler en lanières régulières.

Dans une jatte, mélanger la farine et la levure et former une fontaine.

Dans un grand bol, battre les œufs avec l'huile, le lait, du sel et du poivre. Verser au centre de la fontaine et incorporer petit à petit la farine. Lorsque le mélange est homogène, ajouter le fromage, le basilic finement coupé et les poivrons.

Verser l'appareil dans un moule beurré et cuire dans un four à 180 °C (th. 6).

Démouler aussitôt après la cuisson et servir refroidi.

6 personnes

Cake aux Olives

200 g d'olives vertes dénoyautées au naturel / 100 g de lardons fumés / 13 cl d'huile d'olive / 180 g de farine / 1 sachet de levure chimique / 3 œufs / 10 cl de lait / 100 g de gruyère râpé / Une noix de beurre / Sel, poivre.

Détailler les olives en rondelles.
Dorer les lardons avec un peu d'huile d'olive dans une poêle. Débarrasser sur un papier absorbant.
Dans une jatte, mélanger la farine et la levure et former une fontaine.
Dans un grand bol, battre les œufs, le reste d'huile d'olive, le lait, du sel et du poivre. Verser au centre de la fontaine et incorporer petit à petit la farine. Lorsque le mélange est homogène, incorporer les olives, le fromage et les lardons.
Verser l'appareil dans un moule beurré et cuire 40 minutes dans un four à 180 °C (th. 6).
Démouler dès la fin de la cuisson et laisser refroidir.

6 personnes

Cake Provençal

150 g de farine / 1 sachet de levure chimique / 3 œufs / 10 cl de lait / 10 cl d'huile d'olive / 80 g de parmesan râpé / 200 g de tomates confites égouttées / 1 botte de basilic / Une noix de beurre / Sel, poivre.

Dans une jatte, mélanger la farine et la levure et faire une fontaine.
Dans un grand bol, battre les œufs avec le lait, l'huile d'olive, du sel et du poivre. Verser au centre de la fontaine et incorporer peu à peu la farine. Lorsque le mélange est homogène, ajouter le parmesan, les tomates, le basilic finement coupé.
Verser l'appareil dans un moule beurré et cuire 40 minutes dans un four à 180°C (th. 6).
Démouler dès la cuisson terminée et laisser refroidir.

6 personnes

Cake au Livarot

500 g de livarot / 200 g de beurre / 10 cuil. à soupe de farine / 1 sachet et demi de levure chimique / 6 œufs frais / 6 cuil. à soupe de cidre / 8 cuil. à soupe de lait entier / Sel, poivre.

Détailler le livarot en tranches en retirant les extrémités.
Faire fondre le beurre à feu très doux, sans le faire bouillir.
Mettre la farine dans une jatte avec la levure, le sel et le poivre. Mélanger à l'aide d'une spatule et incorporer les œufs et le cidre. Terminer par le lait et le beurre fondu. Verser dans un moule beurré, puis glisser les tranches de livarot dans la pâte.
Cuire 30 minutes dans un four chaud à 180 °C (th. 6).
Laisser refroidir 5 minutes avant de démouler.
Servir aussitôt.

On peut également découper le cake en tranches et les toaster sous un gril chaud avant de servir.

6 personnes

Cake au Fenouil

10 cl d'huile d'olive / 2 cuil. à soupe de graines de fenouil / 180 g de farine / 1 sachet de levure chimique / 3 œufs / 10 cl de lait / 100 g de gruyère râpé / 2 cuil. à soupe d'aneth haché / Une noix de beurre / Sel, poivre.

Mettre l'huile d'olive et le fenouil dans une petite casserole. Faire chauffer à feu doux et laisser refroidir.
Mettre la farine dans une jatte et mélanger avec la levure. Faire une fontaine.
Dans un autre récipient, battre les œufs, le lait, l'huile avec le fenouil. Saler et poivrer. Verser ce mélange dans le centre de la fontaine et incorporer peu à peu la farine. Lorsque le mélange est homogène, ajouter le fromage râpé et l'aneth.
Verser dans un moule beurré et cuire 40 minutes dans un four à 180°C (th. 6).
Lorsque la cuisson est terminée, démouler et laisser refroidir.

Ce cake est délicieux à l'apéritif, coupé en cubes piqués sur un copeau de jambon cru. Il pourra également accompagner des plats comme les carpaccios, les terrines ou les salades à base de poisson.

6 personnes

Cake aux Anchois

100 g de courgette / 100 g de poivron rouge / 10 cl d'huile d'olive / 180 g de farine / 1 sachet de levure chimique / 3 œufs / 10 cl de lait / 100 g d'anchois à l'huile égouttés / 100 g de gruyère râpé / Une noix de beurre / Poivre.

Détailler le vert de courgette et le poivron rouge en petits cubes. Cuire séparément dans une poêle, avec 2 cl d'huile d'olive. Débarrasser et laisser refroidir.

Dans une jatte, tamiser la farine et la levure, puis former une fontaine.

Dans un autre récipient, battre les œufs, le restant d'huile d'olive, du poivre et le lait. Verser au centre de la fontaine et incorporer petit à petit la farine. Lorsque le mélange est homogène, ajouter les anchois coupés en quatre, le gruyère, le poivron et la courgette.

Verser dans un moule beurré et cuire 40 minutes dans un four à 180°C (th. 6).

Dès la fin de la cuisson, démouler et laisser refroidir.

6 personnes

Cake des Fjords

3 œufs / 10 cl de lait / 10 cl d'huile d'olive / 180 g de farine / 1 sachet de levure chimique / 100 g de fromage râpé / 200 g de saumon fumé en lardons ou en tranches taillées en lanières / 2 cuil. à soupe de feuilles d'aneth hachées / Une noix de beurre / Sel, poivre.

Dans un grand bol, battre les œufs, le lait, l'huile. Saler et poivrer.
Dans une jatte, mélanger la farine et la levure. Faire une fontaine et verser le mélange à base d'œufs au centre en incorporant peu à peu la farine. Lorsque le mélange est homogène, ajouter le fromage, le saumon et l'aneth. Verser dans un moule beurré et cuire 40 minutes dans un four chaud à 180 °C (th. 6). Démouler aussitôt après cuisson et servir refroidi.

Ce cake peut se déguster avec un bol de crème fouettée additionnée d'herbes fraîches hachées.

6 personnes

Cake aux Figues et au Jambon Cru

180 g de farine / 1 sachet de levure chimique / 3 œufs / 10 cl d'huile d'olive / 10 cl de lait / 200 g de figues / 100 g de gruyère râpé / 100 g de jambon cru / Une noix de beurre / Sel, poivre.

Mélanger la farine et la levure et former une fontaine.
Dans un grand bol, battre les œufs, l'huile d'olive, le lait, du sel et du poivre. Verser au centre de la fontaine et incorporer petit à petit la farine. Lorsque le mélange est homogène, incorporer les figues coupées en quatre, le fromage et le jambon en lanières.
Verser l'appareil dans un moule beurré et cuire 40 minutes dans un four à 180 °C (th. 6).
Démouler dès la fin de la cuisson et laisser refroidir.

6 personnes

Cake aux Escargots et aux Noisettes

200 g d'escargots en conserve / 100 g de noisettes / 1 botte de persil / 5 feuilles de menthe / 180 g de farine / 1 sachet de levure chimique / 3 œufs / 5 cl d'huile d'olive / 5 cl d'huile de noisette / 10 cl de lait / 1 cuil. à soupe d'apéritif anisé / 80 g de gruyère râpé / 20 g de parmesan râpé / 3 gousses d'ail finement hachées / Une noix de beurre / Sel, poivre.

Égoutter et rincer soigneusement les escargots.
Concasser grossièrement les noisettes.
Hacher le persil et la menthe.
Dans une jatte, mélanger la farine et la levure et faire une fontaine.
Dans un grand bol, battre les œufs, les huiles, le lait, l'apéritif anisé, du sel et du poivre. Verser l'ensemble au centre de la fontaine et incorporer petit à petit la farine. Lorsque le mélange est homogène, ajouter les fromages, les trois quarts des noisettes, le persil, la menthe, l'ail et les escargots.
Verser l'appareil dans un moule beurré et parsemer le dessus avec le restant des noisettes. Cuire 40 minutes dans un four à 180 °C (th. 6).
Démouler dès la cuisson terminée et servir refroidi.

6 personnes

Cake au Jambon

100 g de champignons de Paris / Deux noix de beurre / 1/2 échalote / 200 g de talon de jambon blanc / 180 g de farine / 1 sachet de levure chimique / 3 œufs / 10 cl d'huile d'olive / 10 cl de lait / 50 g de gruyère râpé / 2 cuil. de persil haché / Sel, poivre.

Détailler finement les champignons et les faire sauter dans une poêle avec une noix de beurre jusqu'à ce qu'ils aient rendu toute leur eau. Ajouter l'échalote finement coupée et débarrasser pour laisser refroidir.
Détailler le jambon en petits morceaux réguliers.
Dans une jatte, mélanger la farine et la levure.
Faire une fontaine et battre au centre les œufs, l'huile, le lait, le sel et le poivre. Incorporer petit à petit la farine. Lorsque le mélange est homogène, ajouter le jambon, les champignons, le fromage et le persil.
Verser l'appareil dans un moule beurré. Cuire 40 minutes dans un four chaud à 180 °C (th. 6). Démouler après cuisson et servir.

6 personnes

Cake à l'Anglaise

350 g de farine / 50 g de fécule / 1 paquet de levure chimique / 150 g de fruits confits hachés / 250 g de cerises confites / 100 g d'écorce d'orange hachée / 100 g de raisins secs / 270 g de beurre / 250 g de sucre en poudre / 5 œufs / 5 cl de rhum / 2 g de gingembre / 2 g de muscade / 2 g de cannelle.
Décor : amandes effilées.

Mélanger la farine, la fécule, la levure et tous les fruits dans un saladier.
Mélanger 250 g de beurre fondu et le sucre jusqu'à obtenir une pâte bien lisse. Ajouter les œufs à température ambiante un par un en mélangeant énergiquement. Terminer par le rhum, le gingembre, la muscade et la cannelle. Lorsque l'appareil est homogène, l'incorporer au premier mélange.
Verser dans un moule beurré et cuire dans un four chaud à 200 °C (th. 6-7) pendant 10 minutes puis baisser à 150 °C (th. 5) jusqu'à la fin de la cuisson. À mi-cuisson, parsemer d'amandes effilées.
Démouler aussitôt après cuisson.

10 personnes

Cake Breton

150 g de farine / 1 sachet de levure chimique / 150 g de sucre en poudre / 150 g de beurre demi-sel / 4 œufs / 10 cl de lait / 1 cuil. à café de liqueur d'orange / 20 g de beurre doux.

Dans une jatte, mélanger la farine, la levure, le sucre, le beurre demi-sel ramolli, les jaunes d'œufs, le lait et la liqueur d'orange.
Monter les blancs et les incorporer délicatement au premier mélange.
Verser l'appareil dans un moule beurré et cuire 35 minutes dans un four à 170°C (th. 5-6).
Démouler dès la cuisson terminée.
Servir refroidi.

6 personnes

270 g de beurre / 300 g de sucre en poudre / 200 g de poudre d'amande / 6 œufs / 80 g de farine / 1/2 sachet de levure chimique / 1/4 verre de rhum.
Décor : confiture d'abricots.

Mélanger énergiquement 250 g de beurre ramolli et le sucre. Lorsque le mélange est homogène, ajouter la poudre d'amande. Battre les œufs et ajouter au mélange. Terminer par la farine, la levure et la moitié du rhum.
Lorsque le mélange est homogène, le verser dans un moule beurré. Cuire 45 minutes dans un four à 180°C (th. 6).
Dès la sortie du four, démouler et arroser le cake avec le rhum. Lorsque le cake est refroidi, étaler une fine couche de confiture d'abricots diluée avec un peu d'eau chaude et napper avec le glaçage au sucre glace.

Cake Nantais

8 personnes

Cake Traditionnel

3 œufs / 125 g de sucre en poudre / 6 cuil. à soupe d'huile / 160 g de farine / 1/2 sachet de levure chimique / 70 g de fruits confits / 50 g de raisins secs macérés dans le rhum / Une noix de beurre / Une pincée de sel.

Dans un saladier, battre les œufs, le sucre et l'huile jusqu'à ce que le mélange blanchisse. Ajouter le sel, la farine et la levure.
Rouler les fruits confits dans un peu de farine et les ajouter avec les raisins secs dans l'appareil. Verser l'appareil dans un moule beurré. Cuire dans un four chaud à 210 °C (th. 7) pendant 5 minutes et terminer la cuisson à four moyen à 150 °C (th. 5) pendant 40 minutes.
Lorsque le cake est cuit, le démouler et le laisser refroidir sur une grille.

8 personnes

Cake aux Amandes

10 cl d'huile d'olive / 350 g de sucre en poudre / 4 œufs / 1/2 cuil. à café de bicarbonate de soude / 10 cl de lait / 350 g de farine / 1/2 cuil. à café de levure chimique / 50 g d'amandes pilées / 20 g de beurre.

Dans un saladier, mélanger l'huile d'olive et le sucre. Ajouter les jaunes d'œufs et conserver les blancs.
Faire dissoudre le bicarbonate de soude dans le lait. Ajouter au mélange sucré avec la farine, la levure et les amandes.
Monter les blancs en neige et les incorporer délicatement à l'appareil. Verser dans un moule beurré et cuire dans un four chaud à 180°C (th. 6).
Démouler aussitôt après cuisson.
Servir tiède ou froid.

6 personnes

Cake aux Bigarreaux

200 g de beurre / 125 g de sucre en poudre / 4 œufs / 300 g de farine / 1/2 sachet de levure chimique / 100 g de fruits confits / 120 g de bigarreaux / 120 g de raisins blonds macérés au rhum / 60 g de raisins de Corinthe / 10 g de pistaches / 15 g de noix / 100 g de rhum.

Mélanger 180 g de beurre ramolli et le sucre. Ajouter petit à petit les œufs et la farine mélangée avec la levure. Bien mélanger.
Ajouter les fruits confits, les fruits secs et le rhum.
Verser l'appareil dans un moule beurré.
Cuire 35 minutes dans un four chaud à 180 °C (th. 6).
Démouler et laisser refroidir.

4 personnes

Cake Marbré Chocolat-Vanille

400 g de farine / 100 g de fécule de maïs / 1 sachet de levure chimique / 320 g de beurre / 250 g de sucre / 2 sachets de sucre vanillé / 4 œufs / 10 cl de lait / 30 g de cacao / 5 g de sucre / Une pincée de sel.

Mélanger la farine, la fécule de maïs et la levure.
À l'aide d'un fouet, travailler 300 g de beurre fondu, le sucre, le sucre vanillé et le sel. Ajouter les œufs un par un, puis le lait. Assembler les deux mélanges et travailler au fouet jusqu'à obtenir un appareil bien lisse.
Prélever le tiers de celui-ci et ajouter le cacao et 5 g de sucre.
Verser les appareils en alternant les couches dans un moule beurré. Cuire 35 minutes dans un four moyen à 180 °C (th. 6) et démouler aussitôt après cuisson.
Servir refroidi.

10 personnes

Cake au Chocolat

170 g de pâte d'amandes / 6 œufs / 65 g de sucre glace / 1/2 gousse de vanille / 50 g de farine / 1/2 sachet de levure chimique / 50 g de cacao en poudre / 70 g de beurre / 40 g de chocolat noir haché / 60 g de sucre en poudre.
Décor : sucre glace.

Dans un batteur, ramollir progressivement la pâte d'amandes avec 1 œuf entier. Ajouter le sucre glace et la vanille fendue et grattée, puis 5 jaunes d'œufs. Monter au fouet pendant 15 minutes. Incorporer la farine, la levure et le cacao, 50 g de beurre fondu tiède et le chocolat haché.
Monter les blancs. Les serrer avec le sucre. Incorporer délicatement au premier mélange. Verser dans des moules beurrés et cuire 35 minutes dans un four chaud à 180 °C (th. 6).
Démouler après cuisson et laisser refroidir.
Décorer avec du sucre glace.

8 personnes

Cake au Citron

1 citron / 175 g de beurre / 175 g de sucre en poudre / 3 œufs / 175 g de farine / 1 cuil. à café de levure chimique / 175 g de sucre glace / Une pincée de sel.

Râper le zeste du citron, presser le citron et conserver la valeur d'une cuillerée à soupe de jus.
Travailler le beurre en pommade avec le sucre en poudre pour obtenir une pâte lisse. Ajouter le zeste de citron, les œufs, le sel, puis incorporer petit à petit la farine en pluie en mélangeant énergiquement. Terminer l'appareil de base en ajoutant la levure.
Cuire 45 minutes dans un moule à cake à une chaleur douce, à 120 °C (th. 4).
Démouler aussitôt après cuisson et laisser refroidir.
Mélanger le sucre glace et le jus de citron pour obtenir un glaçage brillant. Étaler le mélange sur le cake.

Pour obtenir une présentation de fête, décorer le dessus de tranches de citrons confits.

8 personnes

Cake aux Fruits Confits

150 g de fruits confits / 5 cl de kirsch / 100 g de farine / 7 g de levure chimique / 3 œufs / 60 g de sucre en poudre / 5 cl de lait / Une noix de beurre.

Couper les fruits confits en petits dés et les faire macérer dans le kirsch.
Mettre dans une terrine la farine et la levure. Ajouter les œufs un à un puis le sucre. Détendre la préparation en versant petit à petit le lait. La pâte doit être lisse et sans grumeaux. Ajouter les fruits confits et le kirsch.
Verser dans un moule beurré et cuire 45 minutes dans un four moyen à 180°C (th. 6).
Démouler dès la fin de la cuisson.

6 personnes

Cake Marbré à la Pistache

180 g de sucre en poudre / 200 g de beurre / 4 œufs / 180 g de farine / 1 sachet de poudre à lever / 30 g de pâte de pistaches / 1 cuil. à soupe de cacao en poudre.

Travailler le sucre et 180 g de beurre en pommade dans une jatte. Ajouter progressivement les œufs un à un. Mélanger la farine et la levure et les incorporer au premier mélange. Diviser l'appareil en deux. Aromatiser une partie avec la pâte de pistaches et l'autre avec la poudre de cacao.
Verser les appareils par couches régulières dans un moule beurré. Cuire 35 minutes dans un four moyen à 180 °C (th. 6).
Démouler aussitôt après cuisson. Servir refroidi.

6 personnes

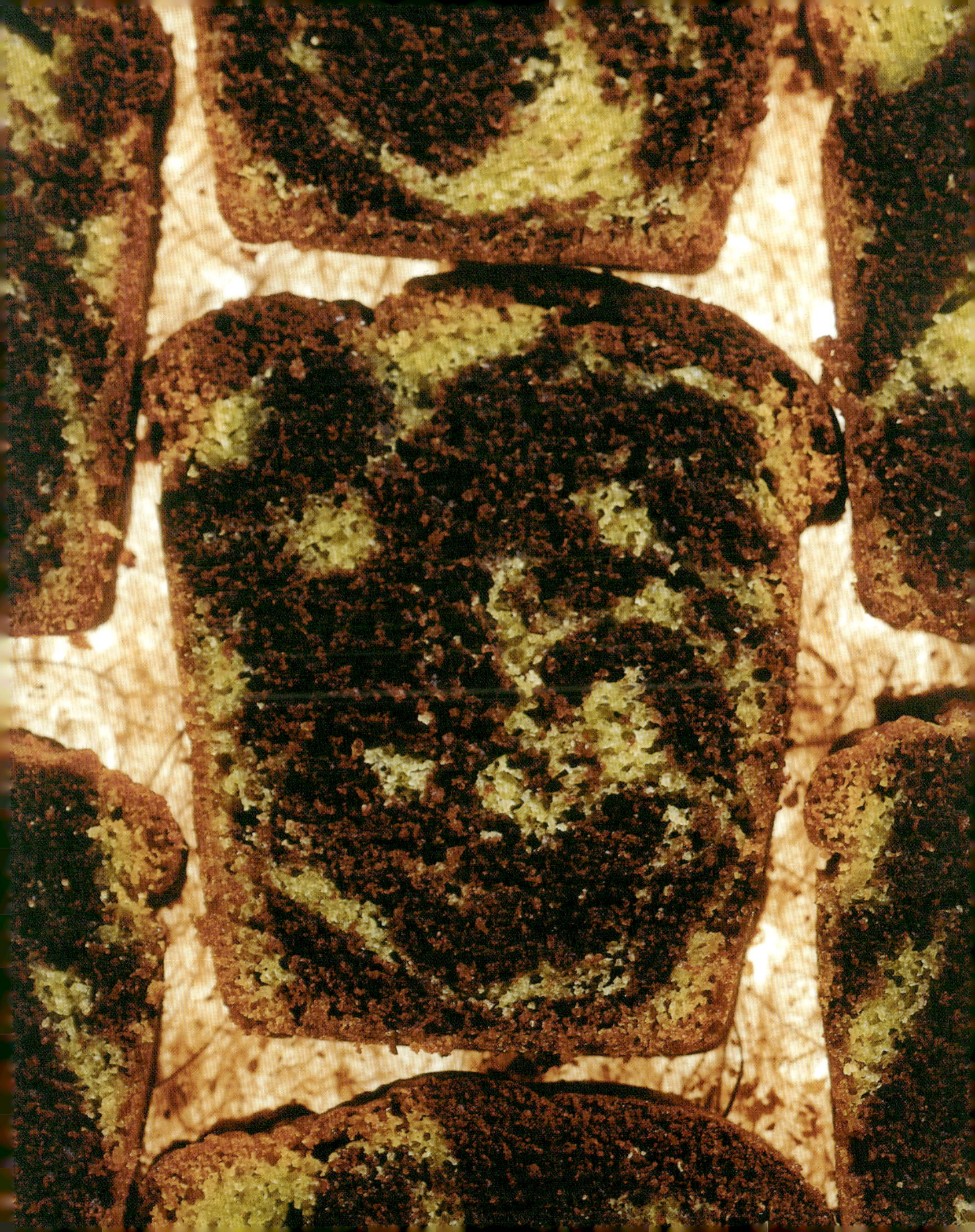

Cake à la Rhubarbe

300 g de rhubarbe / 160 g de sucre en poudre / 30 g de poudre d'amande / 3 œufs / 200 g de farine / 1 sachet de levure chimique / 1 pot de yaourt nature / Une pincée de bicarbonate de soude / 100 g de beurre.

Éplucher la rhubarbe et la couper en petits morceaux. La placer sur une plaque et la saupoudrer de 20 g de sucre. Puis passer dans un four à 200 °C (th. 6-7) pendant 3 minutes et laisser refroidir.

Mélanger 30 g de sucre et la poudre d'amande. Enrober les morceaux de rhubarbe avec ce mélange dans un saladier.

Dans une jatte, battre les œufs et le restant du sucre. Lorsque le mélange est mousseux, ajouter la farine, la levure, le yaourt, le bicarbonate et 80 g de beurre fondu. Lorsque le mélange est homogène, ajouter la rhubarbe et mélanger. Verser l'appareil dans un moule beurré et cuire 40 minutes dans un four à 180 °C (th. 6).

Démouler dès la cuisson terminée et servir refroidi.

8 personnes

Cake à la Violette

50 g de violettes candis / 50 g de sucre en poudre / 4 œufs / 1 cuil. à café de vanille liquide / 70 g d'amandes en poudre / 40 g de fécule / 1 cuil. à soupe de levure chimique / 20 g de beurre.
Décor : violettes candis.

Écraser les violettes avec un pilon, puis les réduire en poudre.
Mélanger le sucre et les jaunes d'œufs à l'aide d'un fouet jusqu'au moment où le mélange devient crémeux. Ajouter la vanille, les violettes, les amandes en poudre, la fécule et la levure.
Battre les blancs d'œufs en neige très ferme. Les incorporer délicatement au premier mélange et verser dans un moule beurré.
Cuire dans un four chaud à 180 °C (th. 6) et démouler aussitôt après la cuisson.
Servir froid ou tiède, décoré avec des violettes candis.

6 personnes

Cake Moelleux au Chocolat

400 g de chocolat noir amer / 320 g de beurre / 8 œufs / 200 g de sucre glace / 100 g de farine / 1 sachet de levure chimique / 100 g de poudre d'amande / 50 g de gingembre confit.

Casser le chocolat en petits morceaux et les réserver dans un saladier. Ajouter 300 g de beurre en parcelles et faire fondre l'ensemble au bain-marie ou au micro-ondes.

Battre les œufs entiers avec le sucre glace jusqu'à ce que le mélange mousse. Mélanger les deux préparations, ajouter la farine, la levure, la poudre d'amande et le gingembre coupé en petits dés. Mélanger soigneusement et verser dans un moule à cake beurré et fariné.

Cuire 40 minutes dans un four chaud à 180 °C (th. 6).

Démouler dès la cuisson terminée et laisser refroidir avant de servir.

6 personnes

Cake Vert aux Fruits Rouges

3 œufs + 1 jaune / 150 g de sucre en poudre / 220 g de beurre / 1/2 sachet de levure chimique / 160 g de farine / 1 cuil. à café de thé vert en poudre / 100 g de framboises / 100 g de myrtilles / 50 g de pistaches non salées et décortiquées.

Dans une jatte, battre les œufs entiers avec le jaune et le sucre, jusqu'à ce que le mélange blanchisse.
Faire fondre 200 g de beurre. Verser le beurre dans un saladier, ajouter la levure et la farine. Mélanger et ajouter le thé vert, les fruits et les pistaches. Mélanger le tout délicatement et verser la pâte dans le moule à cake beurré. Enfourner à four chaud à 180 °C (th. 6). Couvrir le cake pendant la cuisson dans le cas où la cuisson serait trop rapide.
Démouler le cake aussitôt après cuisson et le laisser refroidir avant de le servir.

6 personnes

Table des Matières

Dépôt légal 1er trim. 2005 - n° 2 929

Imprimé en U.E.